Contents

목차

1. 우리를 불쌍히 여기소서 (Kyrie) — 3
2. 영광 (Gloria) — 8
3. 사도신경 (Credo) — 28
4. 거룩 (Sanctus) — 54
5. 복 있도다 (Benedictus) — 59
6. 하나님의 어린양 (Agnus Dei) — 68

머리말

대관식미사 (K.317) 는 모짜르트의 약 20여 곡의 미사 중에서 가장 많이 연주되어지고 사랑받는 곡 중의 하나이다. 이 곡은 1779년 3월경 잘츠부르크에서 작곡되어졌다.

모짜르트는 그의 전반부의 생을 잘츠부르크 대사교 궁정에서 보냈고 그 곳에서는 교회음악을 작곡할 기회가 많았다. 그는 독일과 파리를 경유하는 유럽 여행을 돌아온 후 연인에게서 실연을 당하는 등 그의 인생의 큰 변화 후에 이 곡을 썼기 때문에 전반부의 교회음악과는 큰 변화를 보이고 있다. 그러나 전반적인 음악의 양상은 전통적인 잘츠부르크의 교회음악의 양식인 Homophonic (Credo의 일부분을 제외함)한 스타일을 고수하였고 관현악 편성에 있어서 Viola 가 빠져있는 전통을 그대로 받아 작곡하였다.

전체적인 곡의 풍은 (Credo를 제외하고) 조성과 악기편성을 약간 달리한 모짜르트 Opera 의 한 부분처럼 생각되어질 정도로 작곡되었다. 이 곡의 유명한 Soprano Solo "Agnus Dei"의 주제는 모짜르트의 오페라 피가로의 결혼 중의 아리아 "Dove Sono i bei Momenti"의 시작과 같은 Theme 이다.

이 곡이 KRÖNUNGSMESSE라고 불리어지는 이유는 1751년에 관을 쓴 성모마리아상의 제막식이 매년 기념행사로 미사가 드려졌는데 이 곡이 기념미사곡으로 작곡되어진 것으로 알려져 KRÖNUNGSMESSE (대관식 미사)라고 불리어지게 되었다.

이 곡의 악보는 Otto Taubmann이 피아노 반주부를 발췌하였다.

오케스트라 편성 (Scoring)

: 4부합창, 4부독창
: 오보에 2, 바순 1, 호른(C) 2, 트럼펫(C) 2, 트럼본 3
: 제 1바이올린, 제 2바이올린, 첼로, 콘트라베이스
: 오르간
: 팀파니

<Krönungs-Messe>

대관식 미사
Missa C-Dur

1. 우리를 불쌍히 여기소서
1. Kyrie

W. A. Mozart
(1756-1791)

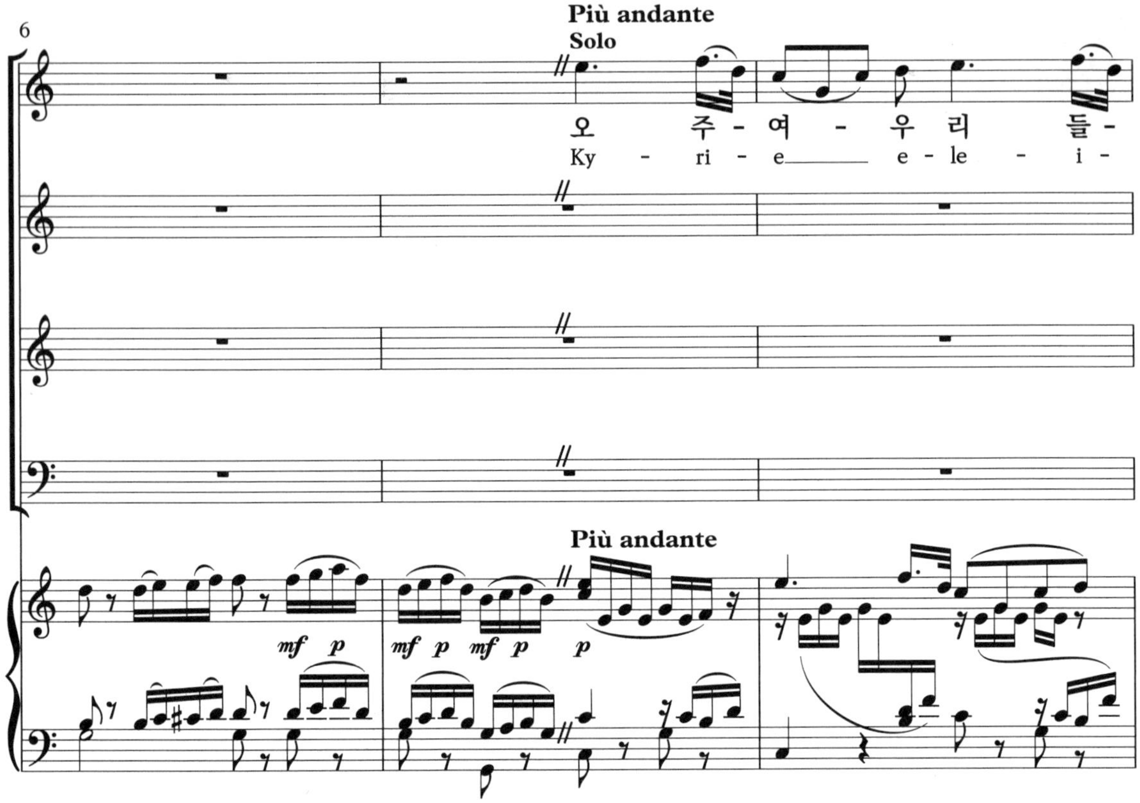
6
Più andante
Solo
오 주 - 여 - 우 리 들-
Ky - ri - e e - le - i-
Più andante
mf p
mf p mf p p

9
을 불 쌍 히 - 여-기 소 서
son, Ky - ri - e e - le - i - son,
Solo
불 쌍
Ky - ri-
tr

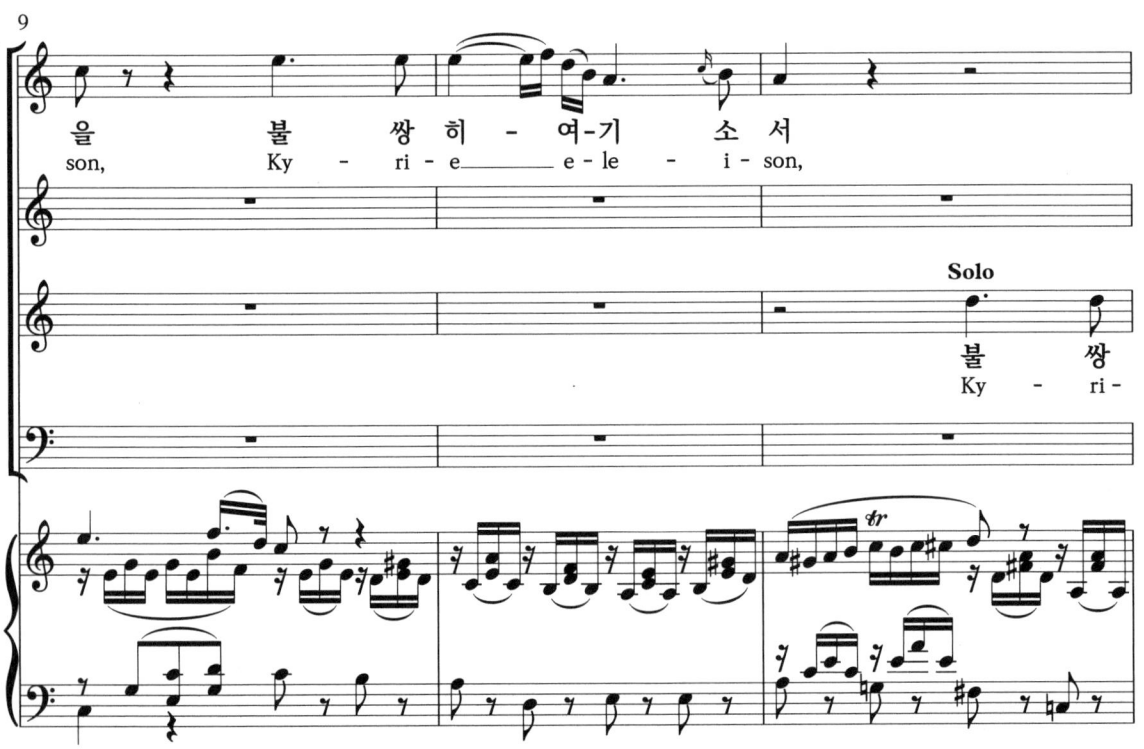

1. Kyrie

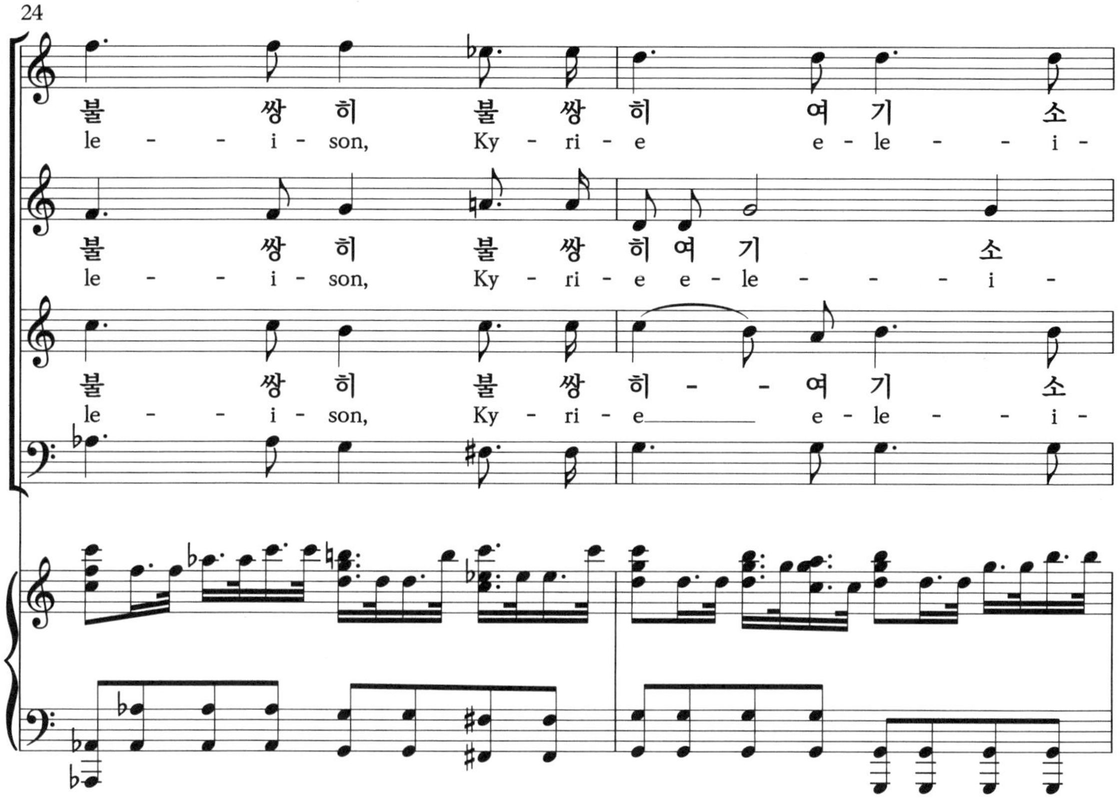
24
불 쌍 히 불 쌍 히 여 기 소
le - - i - son, Ky - ri - e e - le - - i -
불 쌍 히 불 쌍 히 여 기 소
le - - i - son, Ky - ri - e e - le - - - - i -
불 쌍 히 불 쌍 히 - - 여 기 소
le - - i - son, Ky - ri - e e - le - - i -

26
p
서
son.
오 주여 우리 - 를
Ky - ri - e e - lei - son,
서
son.
서
son.
오 주여 우리 - 를
Ky - ri - e e - lei - son,
오 주여우 리 를
Ky - ri - e e - lei - son,
f

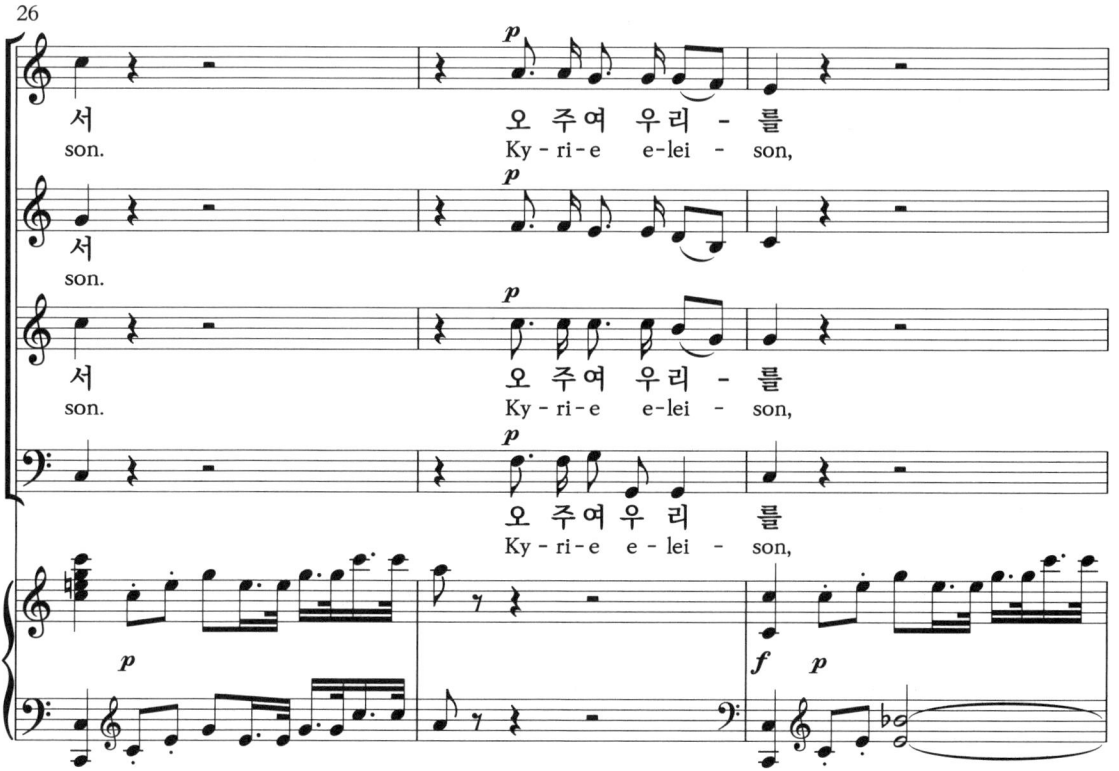

29
불 쌍히 여기소 서
Ky - ri - e e-lei - son.
불 쌍히 여기소 서
Ky - ri - e e-lei - son.
불 쌍히 여 기 소 서
Ky - ri - e e - lei - son.
p

2. 영광

2. Gloria

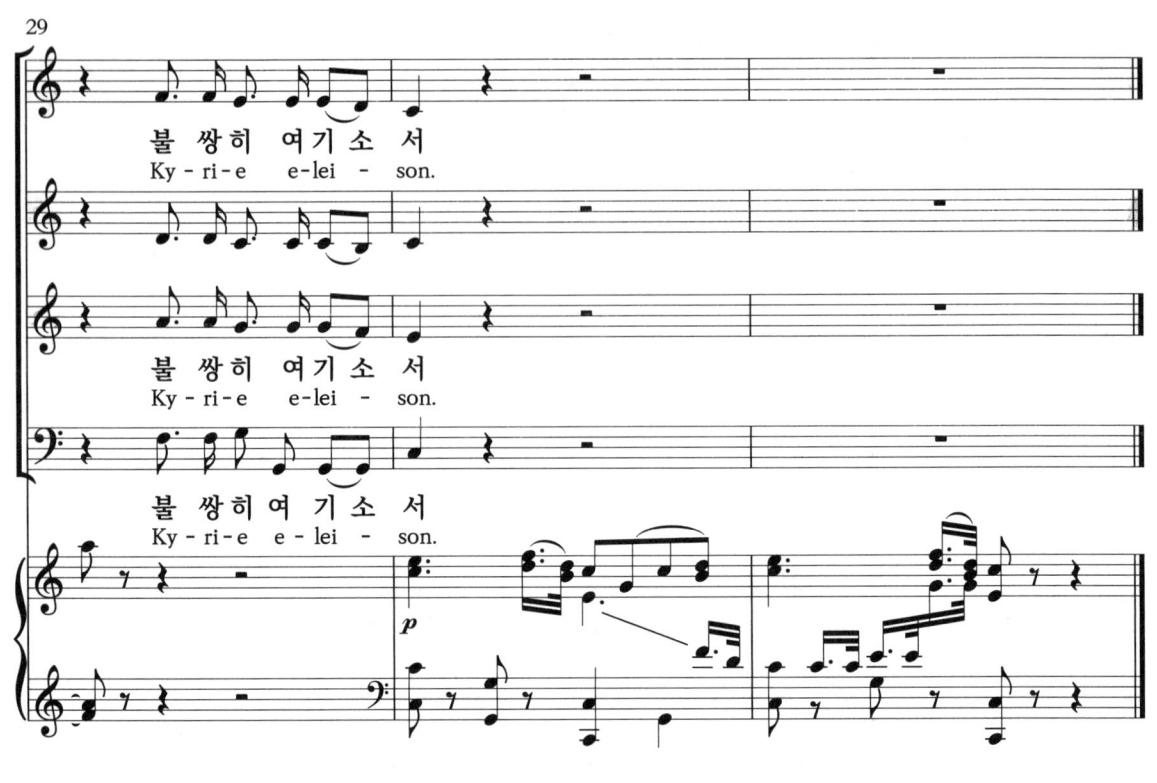

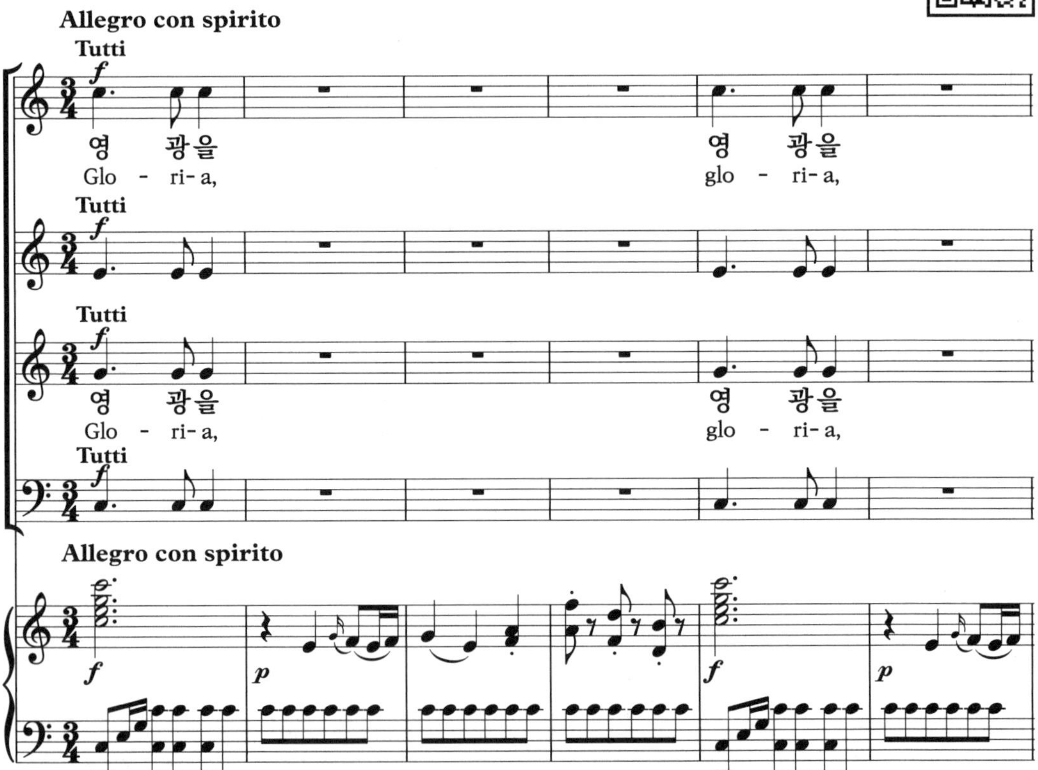
Allegro con spirito
Tutti
f
영 광을 영 광을
Glo - ri - a, glo - ri - a,
Tutti
f
Tutti
f
영 광을 영 광을
Glo - ri - a, glo - ri - a,
Tutti
f
Allegro con spirito
f p f p

2. Gloria

2. Gloria

2. Gloria

2. Gloria

2. Gloria

2. Gloria

2. Gloria

2. Gloria

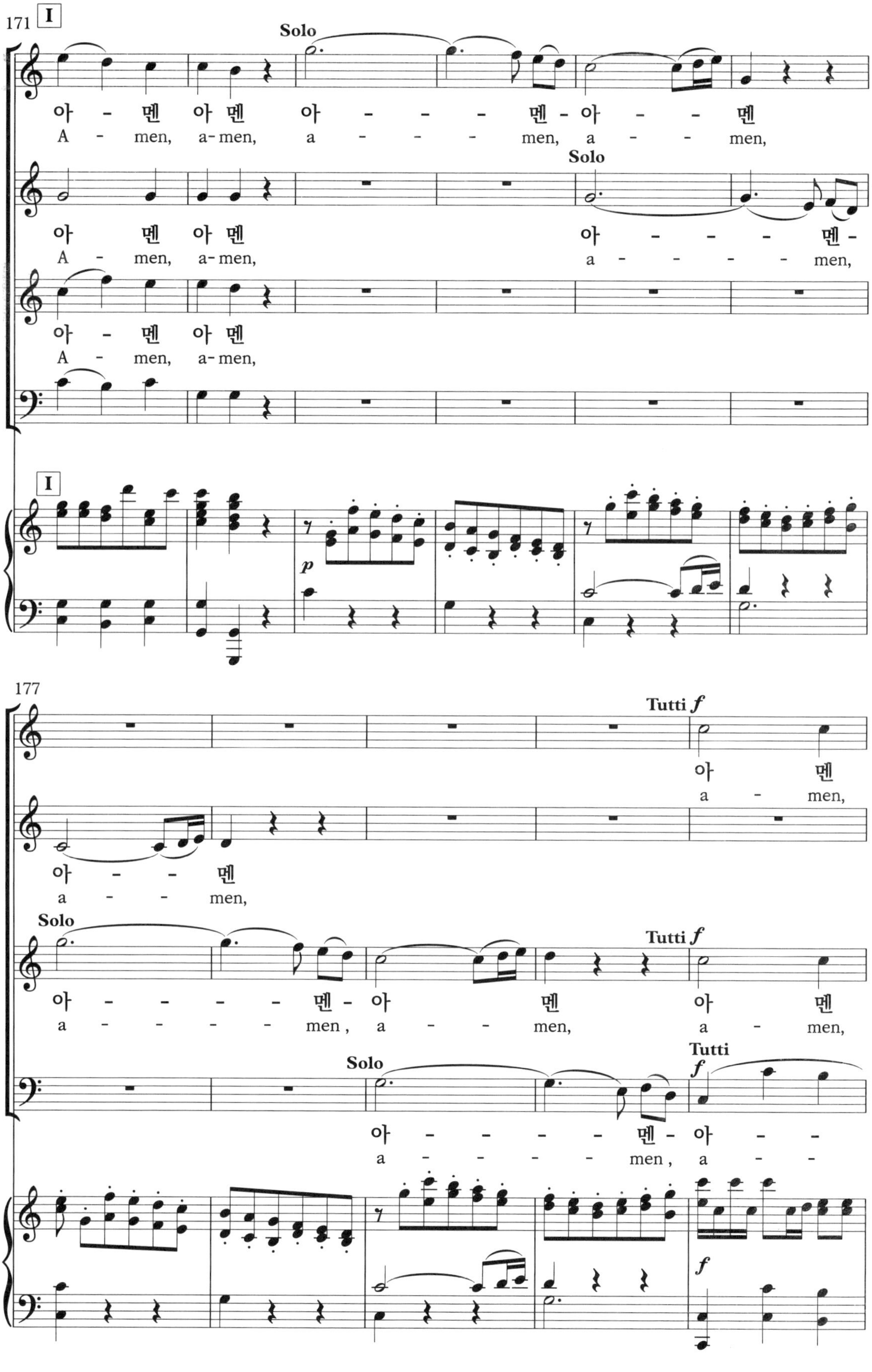
171 I
Solo
아 - 멘 아 멘 아 - - - - 멘 - 아 - - - 멘
A - men, a-men, a - - - - men, a - - - men,
Solo
아 멘 아 멘 아 - - - - - 멘-
A - men, a-men, a - - - - - men,
아 - 멘 아 멘
A - men, a-men,
I
p
177
Tutti f
아 멘
a - men,
아 - - 멘
a - - men,
Solo
Tutti f
아 - - - - - 멘 - 아 - - 멘 아 멘
a - - - - - men , a - - men, a - men,
Solo
Tutti
f
아 - - - - - 멘 - 아 - -
a - - - - - men , a - -
f

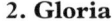

2. Gloria

3. 사도신경
3. Credo

3. Credo

3. Credo

3. Credo

3. Credo

34

3. Credo

3. Credo

3. Credo

3. Credo

3. Credo

3. Credo

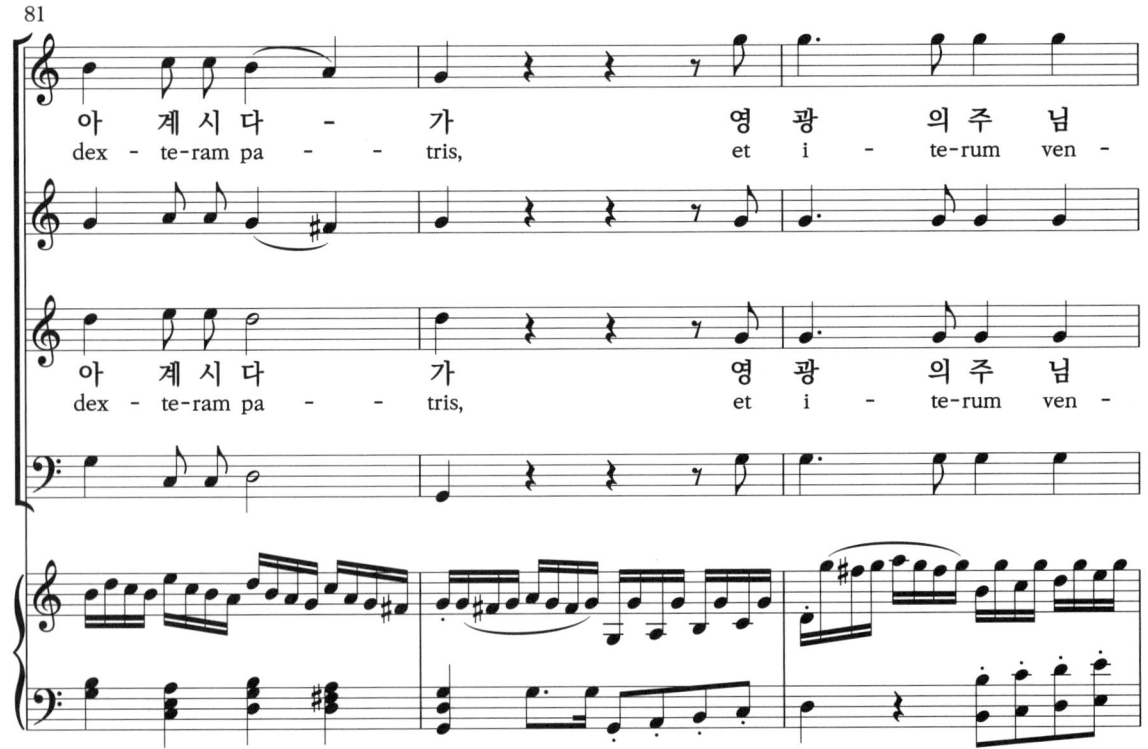

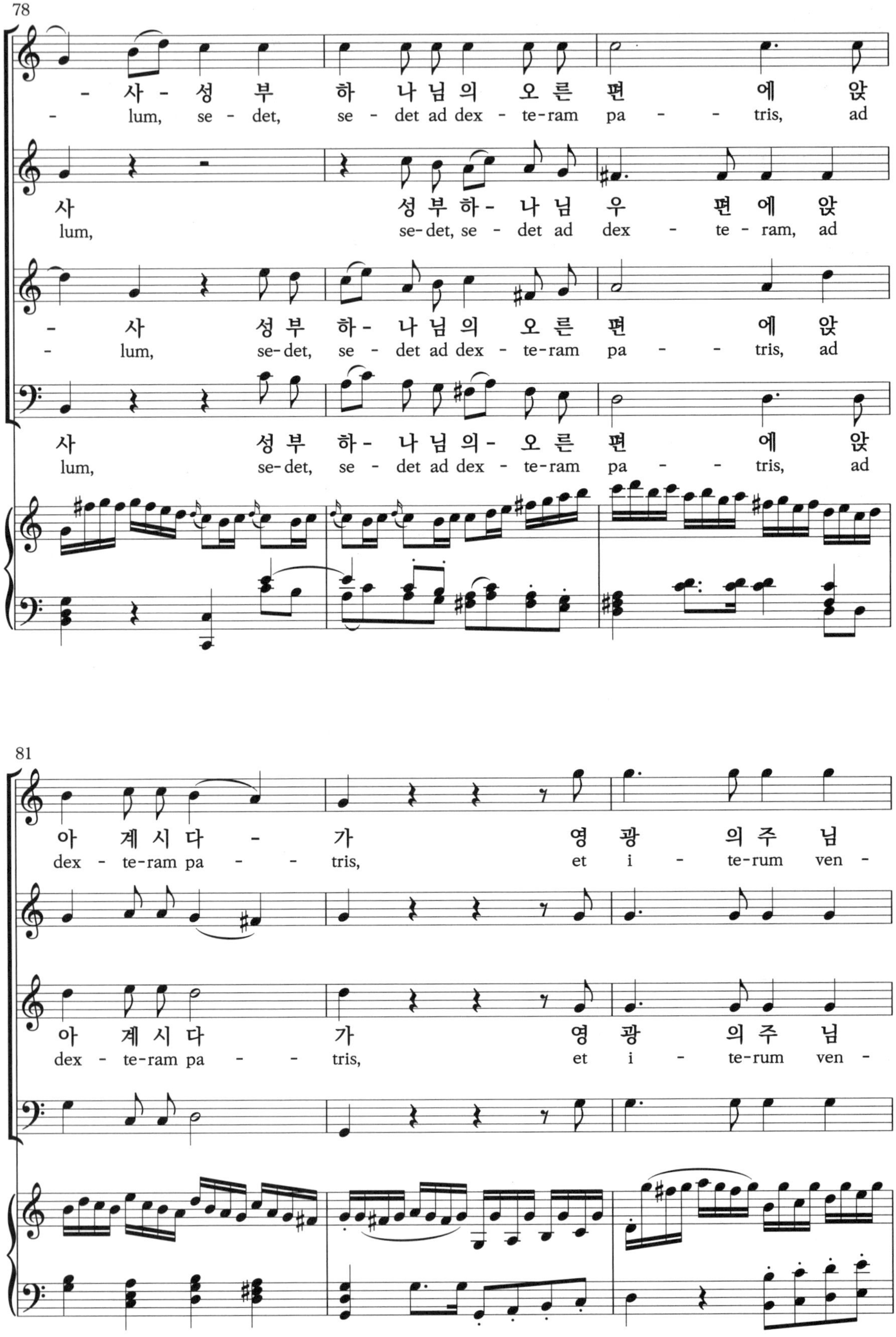
78
- 사 - 성 부 하 나님의 오른 편 에 앉
- lum, se - det, se - det ad dex - te-ram pa - - tris, ad
사 성부하- 나 님 우 편 에 앉
lum, se-det, se - det ad dex - te - ram, ad
- 사 성 부 하- 나 님 의 오 른 편 에 앉
- lum, se-det, se - det ad dex - te-ram pa - - tris, ad
사 성 부 하- 나 님 의- 오 른 편 에 앉
lum, se-det, se - det ad dex - te-ram pa - - tris, ad
81
아 계 시 다 - 가 영 광 의 주 님
dex - te-ram pa - - tris, et i - te-rum ven -
아 계 시 다 가 영 광 의 주 님
dex - te-ram pa - - tris, et i - te-rum ven -

3. Credo

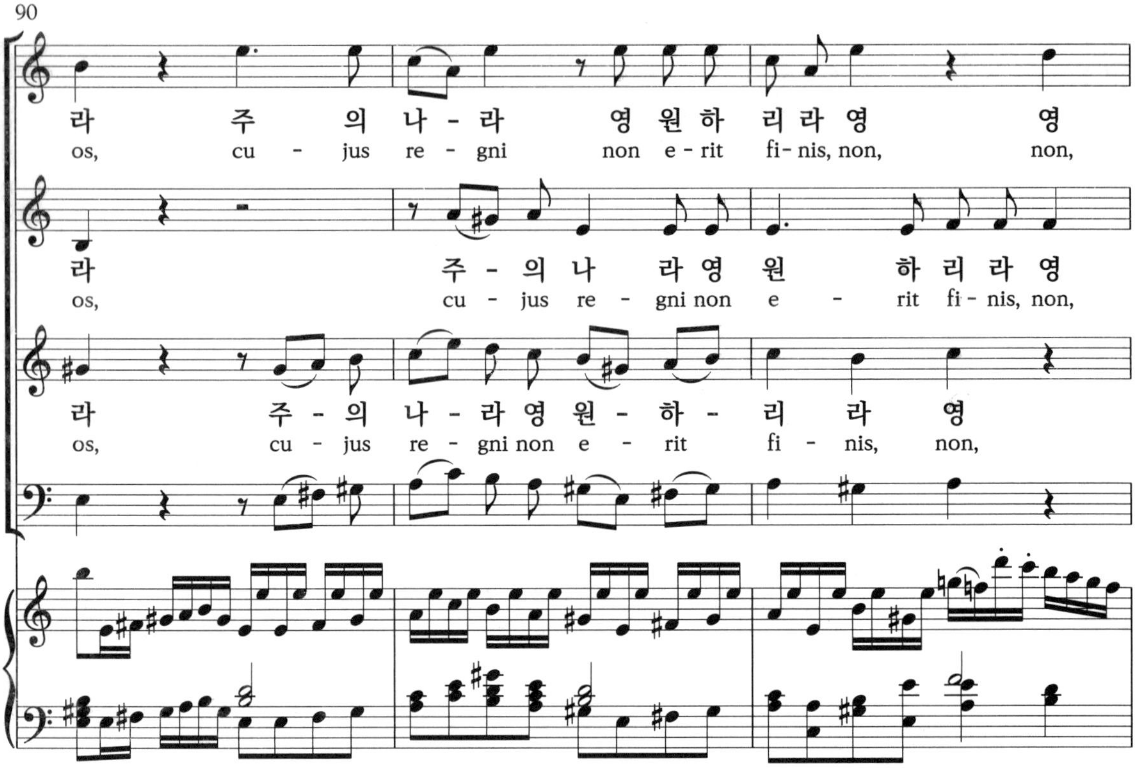
90
라 주 의 나 - 라 영 원 하 리 라 영 영
os, cu - jus re - gni non e - rit fi - nis, non, non,
라 주 - 의 나 라 영 원 하 리 라 영
os, cu - jus re - gni non e - rit fi - nis, non,
라 주 - 의 나 - 라 영 원 - 하 - 리 라 영
os, cu - jus re - gni non e - rit fi - nis, non,

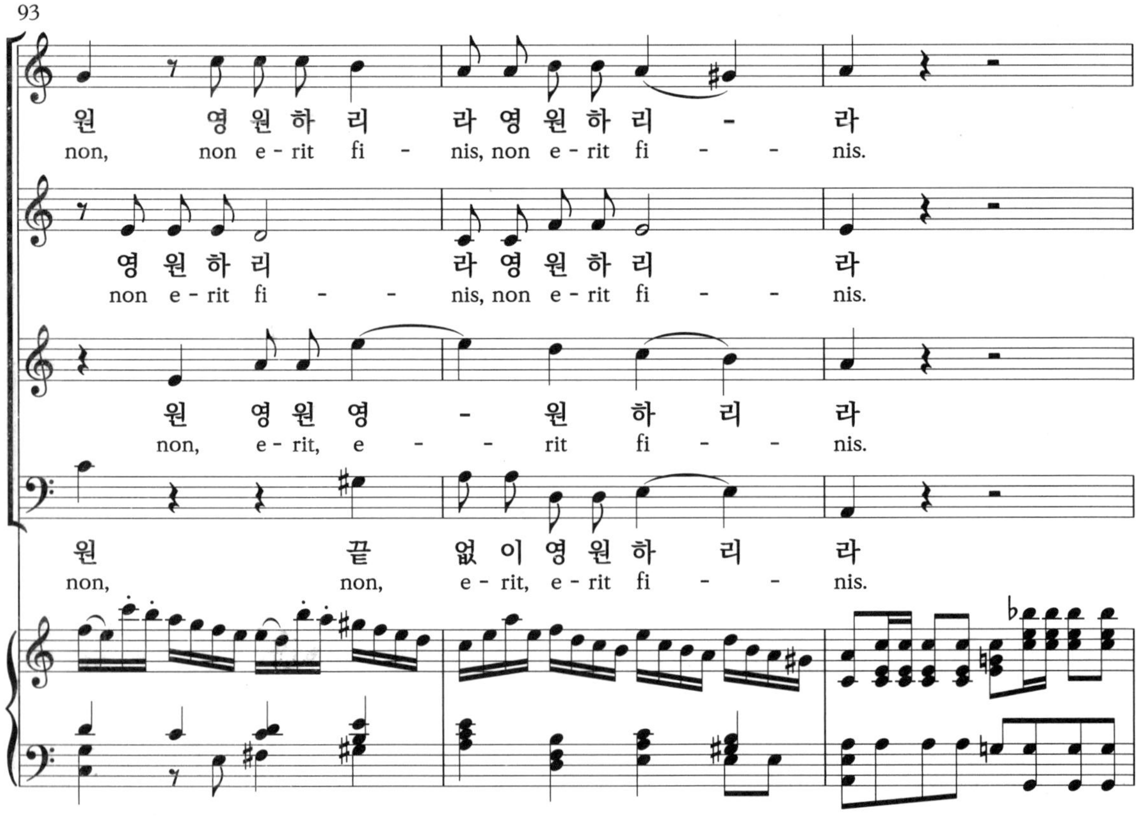
93
원 영 원 하 리 라 영 원 하 리 - 라
non, non e - rit fi - nis, non e - rit fi - - nis.
영 원 하 리 라 영 원 하 리 라
non e - rit fi - - nis, non e - rit fi - - nis.
원 영 원 영 - 원 하 리 라
non, e - rit, e - - rit fi - - nis.
원 끝 없 이 영 원 하 리 라
non, non, e - rit, e - rit fi - - nis.

3. Credo

3. Credo

3. Credo

3. Credo

3. Credo

3. Credo

4. 거룩
4. Sanctus

4. Sanctus

4. Sanctus

4. Sanctus

34
곳 에 높 은 곳 - - - 에 호
cel - sis in ex - cel - - - sis, o -
곳 에 높 은 곳 - - - 에 호
cel - sis in ex - cel - - - sis, o -
tr

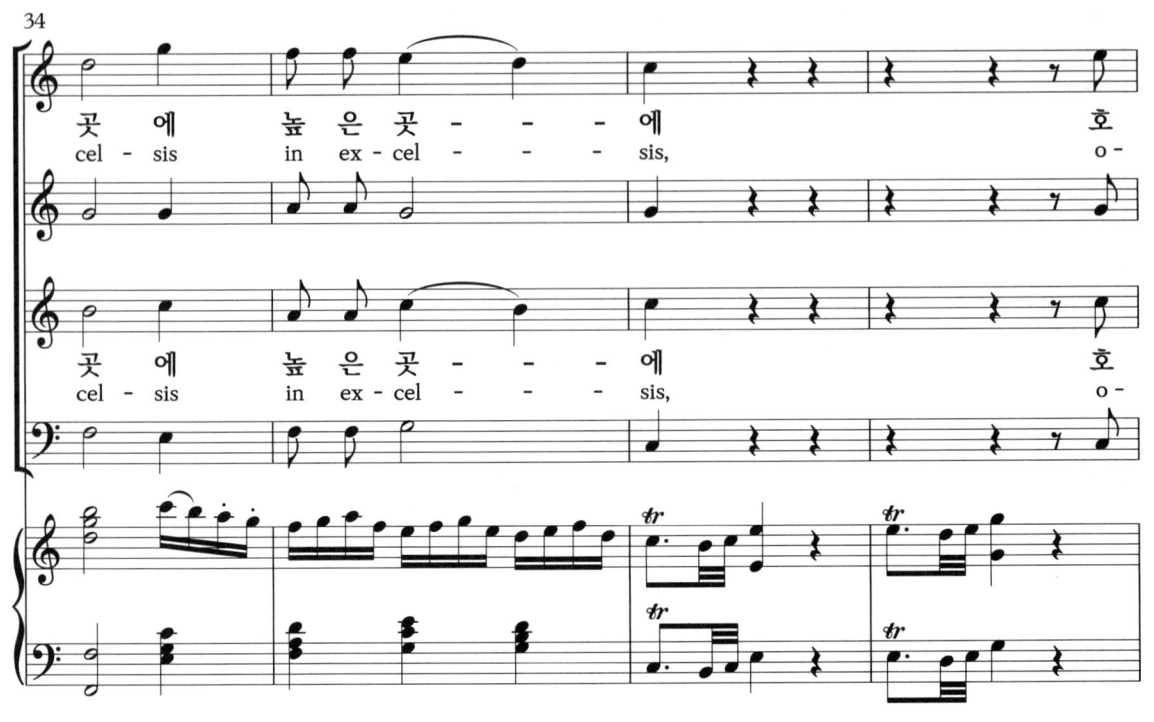

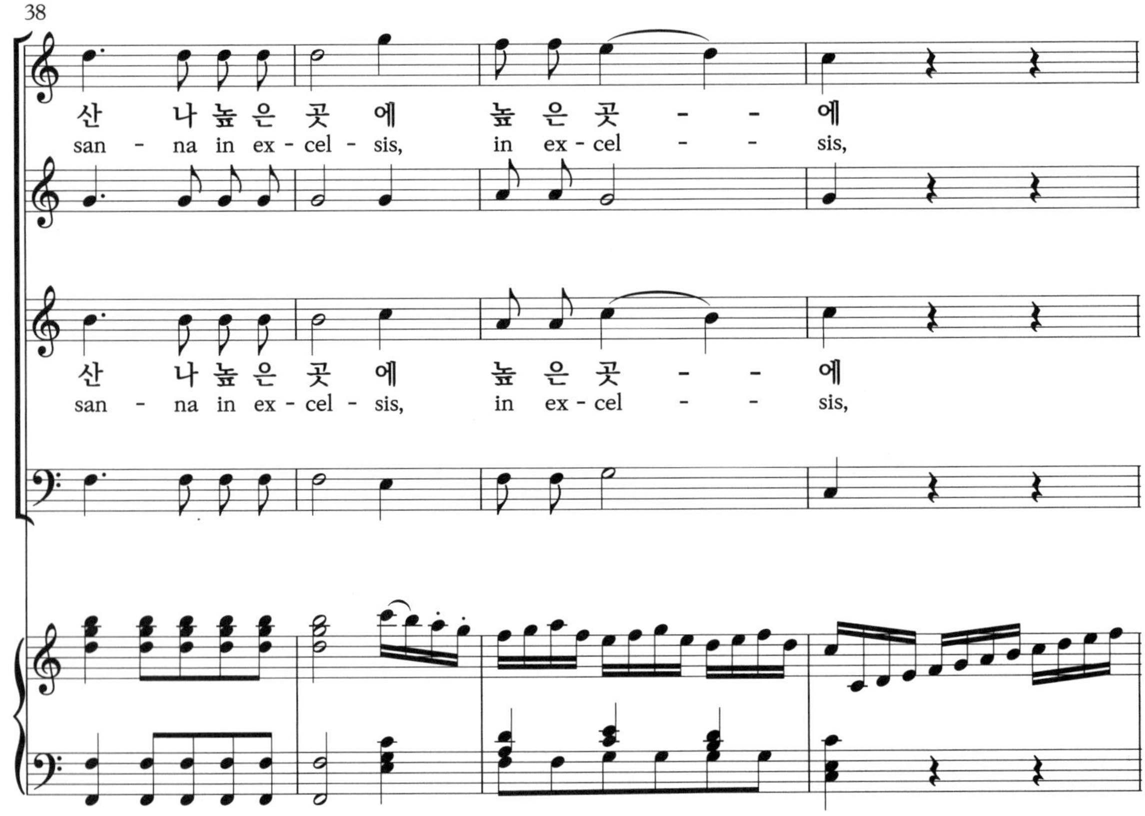
38
산 나 높 은 곳 에 높 은 곳 - - 에
san - na in ex - cel - sis, in ex - cel - - sis,
산 나 높 은 곳 에 높 은 곳 - - 에
san - na in ex - cel - sis, in ex - cel - - sis,

4. Sanctus

5. 복 있도다
5. Benedictus

5. Benedictus

5. Benedictus

5. **Benedictus**

5. Benedictus

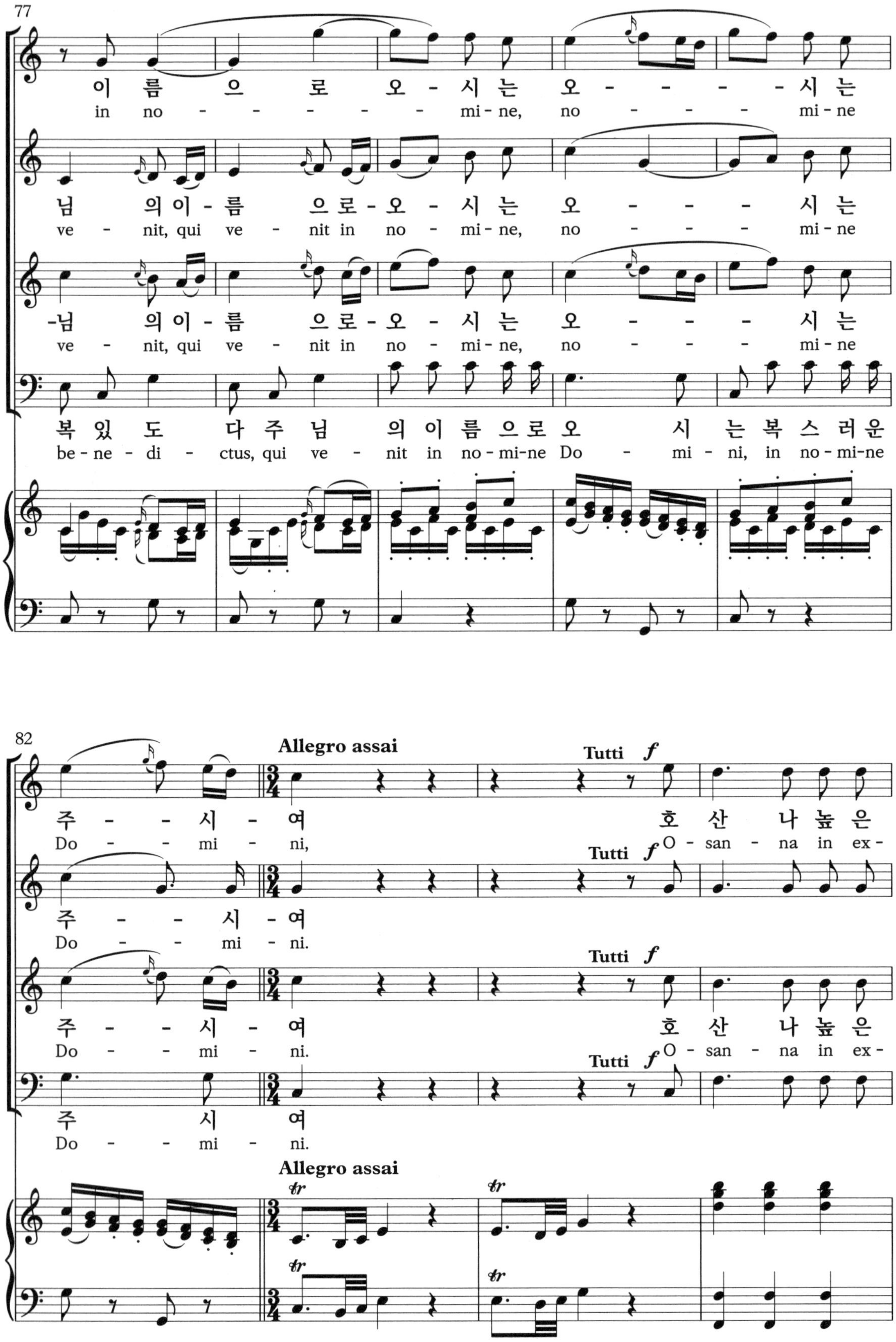
77
이 름 으 로 오 - 시 는 오 - - - - 시 는
in no - - - - - - mi - ne, no - - - - mi - ne
님 의 이 - 름 으 로 - 오 - 시 는 오 - - - 시 는
ve - nit, qui ve - nit in no - mi - ne, no - - - - mi - ne
-님 의 이 - 름 으 로 - 오 - 시 는 오 - - - 시 는
ve - nit, qui ve - nit in no - mi - ne, no - - - - mi - ne
복 있 도 다 주 님 의 이 름 으 로 오 시 는 복 스 러 운
be - ne - di - ctus, qui ve - nit in no - mi - ne Do - mi - ni, in no - mi - ne
82
Allegro assai
Tutti f
주 - - 시 - 여 호 산 나 높 은
Do - - mi - ni, O - san - na in ex -
주 - - 시 - 여
Do - - mi - ni.
주 - - 시 - 여 호 산 나 높 은
Do - - mi - ni. O - san - na in ex -
주 시 여
Do - - mi - ni.
Allegro assai

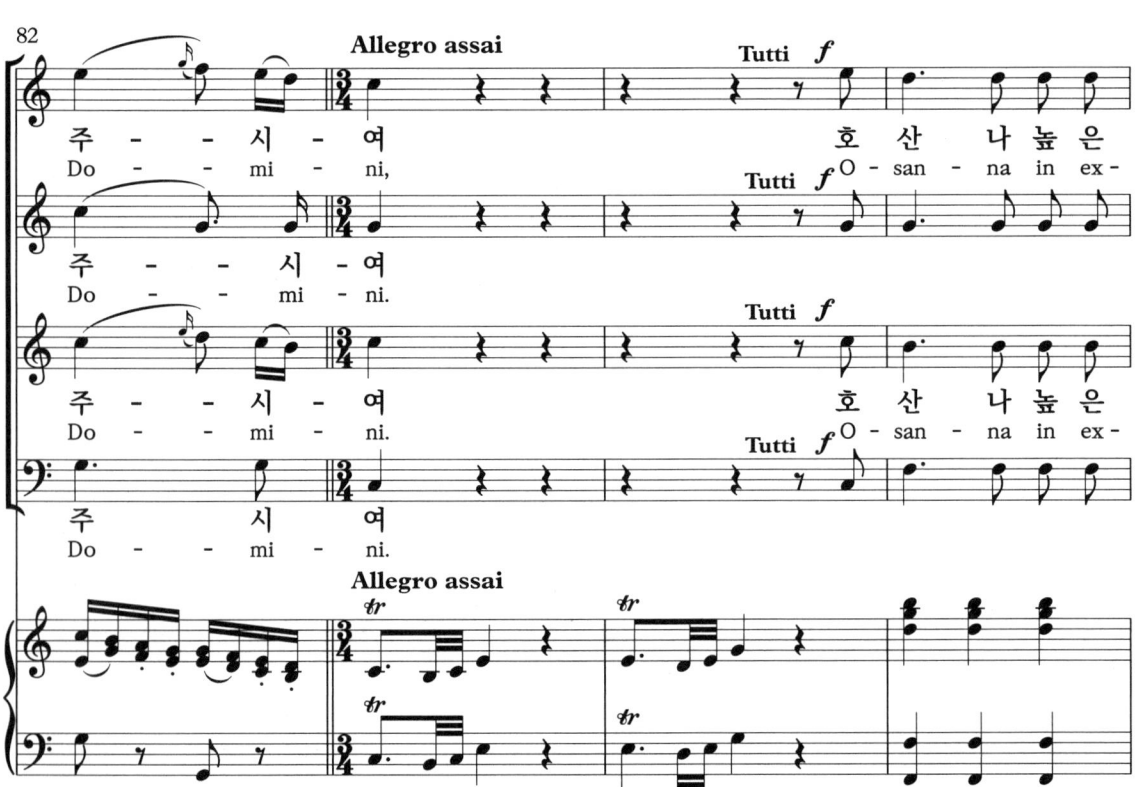

5. Benedictus

6. 하나님의 어린 양
6. Agnus Dei

6. Agnus Dei

6. Agnus Dei

6. Agnus Dei

6. Agnus Dei

6. Agnus Dei

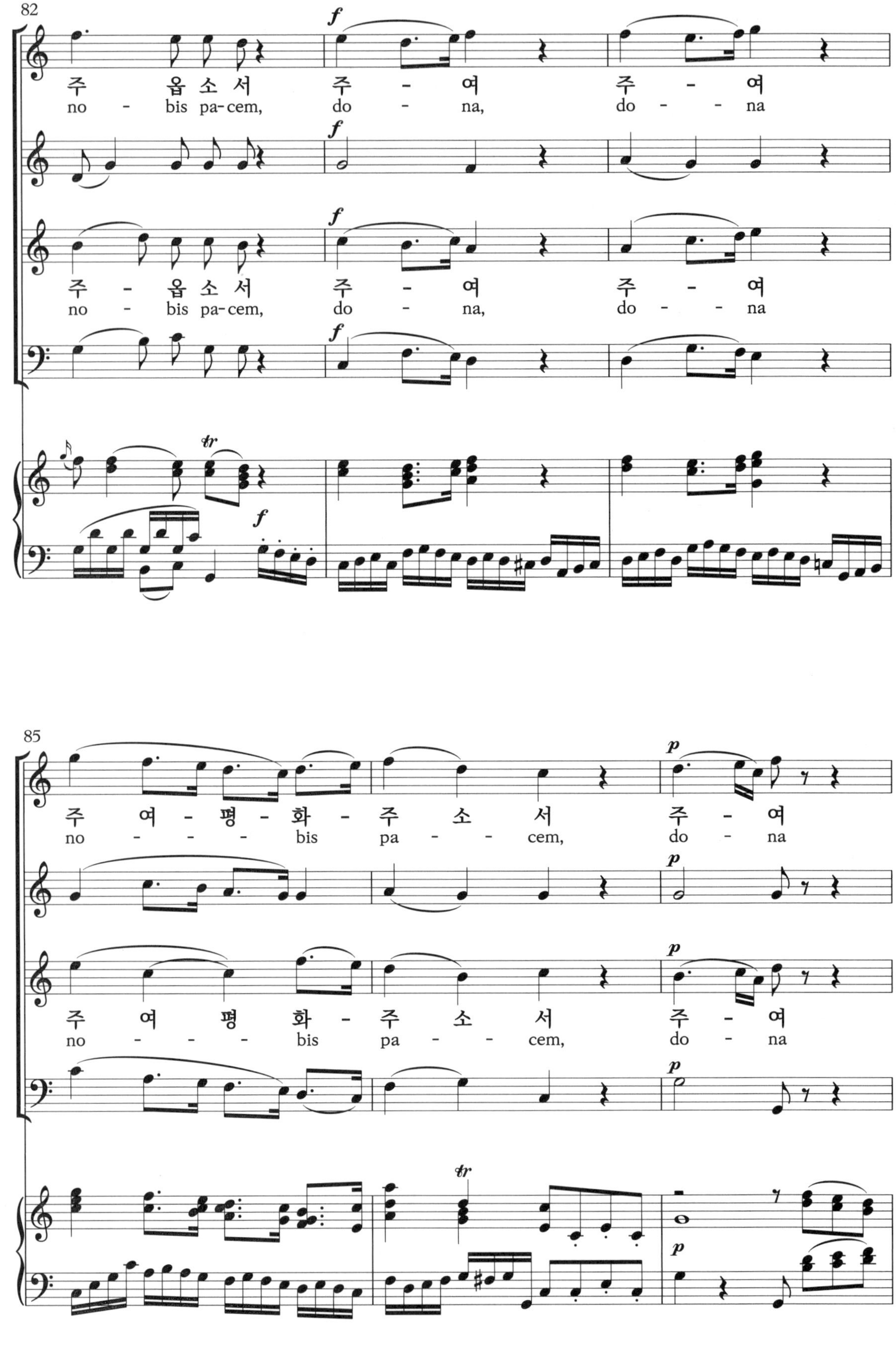
82
f
주 옵 소 서 주 - 여 주 - 여
no - bis pa-cem, do - na, do - - na
f
f
주 - 옵 소 서 주 - 여 주 - 여
no - bis pa-cem, do - na, do - - na
f
tr
f
85
p
주 여 - 평 - 화 - 주 소 서 주 - 여
no - - - bis pa - - cem, do - na
p
p
주 여 평 화 - 주 소 서 주 - 여
no - - - bis pa - - cem, do - na
p
tr
p

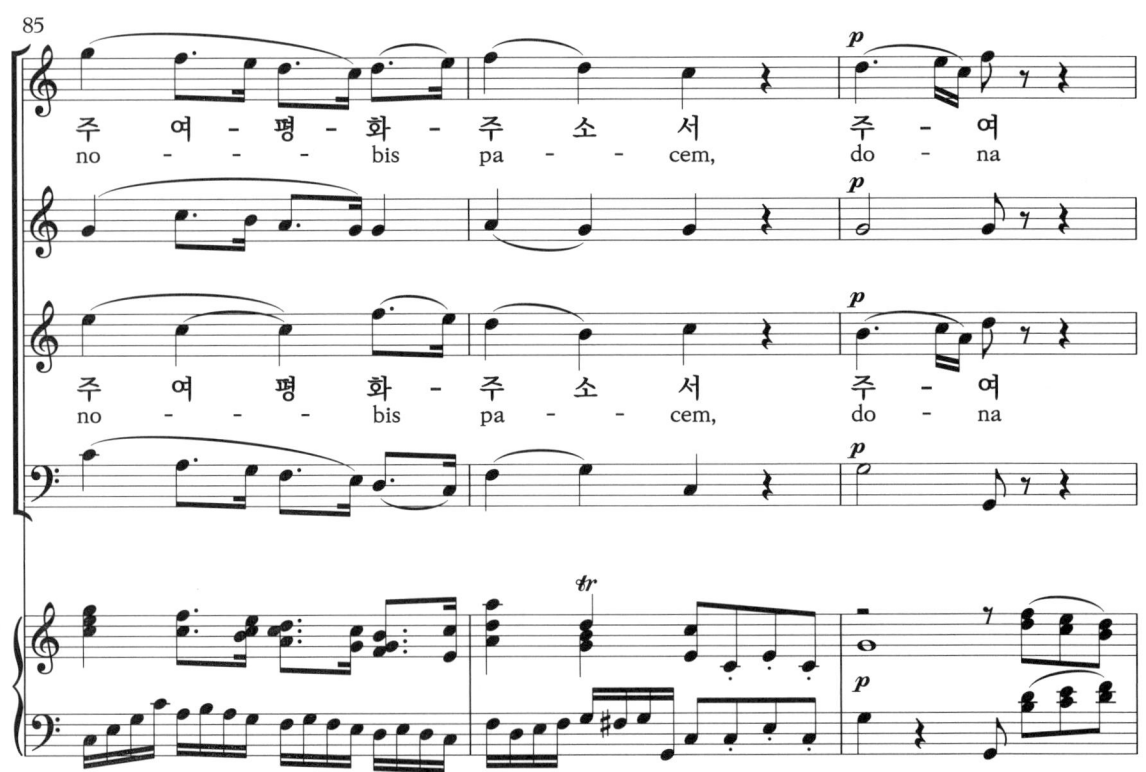

6. Agnus Dei

6. Agnus Dei

"Since 1971" Beyond Praise!

호산나음악사 고전성가시리즈

대관식미사 Mass in C (K.317)

인 쇄 2021년 9월 1일
발 행 2021년 9월 1일
발행인 강하늘
번 역 홍정표
편 집 김문수, 김정근, 박경열, 신현섭, 정무경, 양진언, 임건희
디자인 와이즈뮤직 편집부
발행처 와이즈뮤직
　　　　서울시 노원구 초안산로 19, 302호
　　　　Tel : 1800-9556(전국대표번호)
　　　　출판등록 : 제25100-2017-000060호
　　　　교회음악전문출판 와이즈뮤직
　　　　www.wise21.com

정가　7,000원

* 교회음악전문출판 와이즈뮤직의 허락없이 복사, 전재 또는 일부라도 편집 자료로 사용하는 것은 저작권의 저촉을 받습니다.
* 성가에 대한 저작권 준수는 법을 지키는 동시에 한국의 교회음악과 문화를 후원하는 일입니다.